AF315114

LES ÉCOLES MUNICIPALES

DE CONSTANTINE.

ILLÉGALITÉ

DE

L'ARRÊTÉ DE M. DE GUEYDON

GOUVERNEUR GÉNÉRAL DE L'ALGÉRIE

IMPOSANT A LA VILLE DE CONSTANTINE LES FRÈRES

DE LA DOCTRINE CHRÉTIENNE

COMME INSTITUTEURS COMMUNAUX.

CONSTANTINE

IMPRIMERIE L. MARLE, 2, RUE D'AUMALE

—

1872

LES ÉCOLES MUNICIPALES

DE CONSTANTINE.

Le gouverneur général de l'Algérie, par un arrêté en date du 27 mars 1872, a annulé une décision du préfet de Constantine, du 27 mai précédent, relative à la substitution, dans cette commune, des écoles laïques aux écoles congréganistes.

Cet arrêté, s'il était valable, aurait pour conséquence la réintégration des Frères dans leurs fonctions d'instituteurs communaux, l'inscription au budget municipal de la subvention qui leur a été retirée, et enfin le renversement d'un état de choses qui existe depuis un an, à la satisfaction de tous les intérêts et de tous les droits.

Le conseil municipal de Constantine s'est ému, à juste titre, de l'immixtion du gouverneur général dans une question aussi éloignée de sa compétence. Il s'agit, en effet, des sentiments intimes d'une population républicaine, sentiments manifestés en maintes circonstances, et notamment lors des élections municipales des 30 octobre 1870 et 12 novembre 1871. Placé entre le devoir

que lui impose son titre de mandataire de la
cité et les ordres arbitraires de l'autorité supérieure, le conseil municipal ne pouvait faiblir.

Nous nous sommes aujourd'hui imposé la
tâche de démontrer, en nous appuyant sur les
textes, que le gouverneur général n'était pas
autorisé par la loi à bouleverser ainsi, d'un trait
de plume, une situation considérée jusqu'à ce
jour comme régulière, et acceptée par la population toute entière.

Voici d'abord le texte de l'arrêté dont nous
nous proposons démontrer l'illégalité :

Le Gouverneur général civil de l'Algérie,

Vu l'approbation donnée par le Préfet de Constantine, sous la date du 27 mai 1871, aux délibérations
prises par le Conseil municipal de Constantine, rela-
tives au remplacement des écoles congréganistes
par des écoles laïques, approbation formulée dans les
termes suivants :

« Vu et approuvé, en ce qui concerne le remplacement des écoles congréganistes par des écoles laïques,
sous réserve des questions litigieuses que les Frères
pourraient soulever. »

Considérant que le Conseil municipal de Constantine
n'avait pas été appelé à délibérer sur la convenance
de substituer, dans toutes les écoles publiques exis-
tantes, des maîtres laïques aux maîtres congréganistes.

Qu'alors même que la question eut été soulevée par
l'autorité compétente, ce Conseil, aux termes de la loi,
ne pouvait émettre qu'un avis, et n'avait pas le droit
de prendre une décision, ce qu'il a pourtant fait le 15
mars 1871, dans les termes suivants :

« Le Conseil décide que l'instruction primaire sera

organisée sur le pied d'un enseignement exclusive-
ment laïque. »

Considérant que le Préfet n'avait pas le pouvoir de
légaliser une initiative contraire au vœu de la loi ;

Considérant, en outre, que les maîtres congréganistes, régulièrement établis, n'ont pas été révoqués
par le Recteur de l'Académie d'Alger, qui seul avait
qualité pour le faire, et qu'en fait les écoles congréganistes sont restées ouvertes et ont continué à recevoir
de nombreux élèves à la satisfaction des familles ;

Agissant en vertu de la délégation spéciale de M. le
Ministre de l'Instruction publique, datée du 10 février
dernier,

ARRÊTE :

Art. 1er. — La décision préfectorale ci-dessus réla-
tée, du 27 mai 1871, est déclarée nulle et considérée
comme non avenue.

Art. 2. — Le Préfet du département de Constantine
est chargé de l'exécution du présent arrêté.

Fait à Constantine, le 27 mars 1872.

Signé : Vice-amiral Cto DE GUEYDON.

Cet arrêté a été notifié au maire de Constantine par le préfet, qui a cru devoir l'accompa-
gner de la lettre suivante :

Constantine, le 4 avril 1872.

Monsieur le maire,

J'ai l'honneur de vous adresser...., etc.

La lettre par laquelle M. le gouverneur général m'a
notifié son arrêté se termine par le paragraphe suivant : « Il n'y a plus moyen de temporiser ; il faut ab-
» solûment que vous fassiez payer aux membres con-
» gréganistes ce qui leur est dû ; tâchez d'éviter de
» nouveaux procès, mais finissons-en avec les délais. »

Je vous prie, monsieur le maire, de vouloir bien
porter les mesures prises par M. le Gouverneur géné-

ral à la connaissance du Conseil municipal, dont j'autorise, à cet effet, la réunion extraordinaire, et l'appeler à délibérer sur l'objet de cette communication.

Il est évident, monsieur le maire, qu'en décidant la suppression des écoles congréganistes, le Conseil a outrepassé son droit, qui, aux termes de la législation actuelle, était seulement d'émettre un avis ; et encore, le droit pour les conseils municipaux d'être consultés sur la direction des écoles, n'existe que lorsqu'il y a véritablement vacance d'emploi par décès, démissions, ou révocations des instituteurs. Or, aucune vacance n'existait dans le personnel des écoles communales congréganistes au moment où le Conseil municipal a voté la suppression de ces écoles.

..... Par suite de l'annulation de ma décision du 27 mai 1871, les délibérations du Conseil municipal, en date des 15, 24 et 29 mars 1871, sont également frappées de nullité et les écoles congréganistes se trouvent réintégrées dans la situation qu'elles occupaient auparavant. Il est à remarquer, d'ailleurs, que ces écoles sont restées ouvertes et ont continué de recevoir de nombreux élèves à la satisfaction des familles, et dès lors le personnel qui les dirige a droit à son traitement intégral.

Je compte, monsieur le maire, sur le bon esprit de la municipalité de Constantine, et j'espère qu'elle parviendra facilement, par voie de conciliation, à donner satisfaction à tous les intérêts en cause.

Vous voudrez bien, monsieur le maire, m'adresser, en double expédition, la délibération du Conseil municipal dès qu'elle aura été prise, afin que je puisse rendre compte à M. le Gouverneur général des résolutions de cette assemblée.

Agréez, etc.

Pour le préfet en tournée,

Le secrétaire général,
Signé : MANGOIN.

Antérieurement à l'arrêté et à la lettre qui précèdent, un arrêt de la cour d'Alger, du 20 mars 1872, statuant sur la demande du supérieur de l'école congréganiste de Constantine, ordonne :

Que, dans les quinze jours à partir de la signification du présent arrêt, l'intimé et tous occupant de son chef sortiront des lieux qui avaient été affectés, soit à leur enseignement, soit à leur logement ;

Dit que, ce délai expiré, ils pourront y être contraints par la voie d'exécution autorisée par la loi ;

Condamne la commune de Constantine à payer, à titre de dommages-intérêts, tant pour lui que pour les Frères placés sous sa direction, la somme de 1,950 fr., avec intérêt de droit à partir du jour où ils seront sortis des lieux.

Enfin, pour compléter la série de nos documents, ajoutons que, réuni extraordinairement le 16 avril 1872, le conseil municipal de Constantine, après avoir pris connaissance des pièces du dossier, a voté, à l'unanimité des membres présents, moins deux abstentions, l'ordre du jour suivant :

Le conseil, maintenant son vote des séances des 27 et 29 février 1872, sur le budget de cet exercice et la question de l'instruction primaire, invite le maire à faire exécuter l'arrêt de la Cour, et passe à l'ordre du jour.

Nous prétendons démontrer que l'arrêté du gouverneur général est contraire à la loi, que l'interprétation du préfet est erronée, et qu'enfin la commune de Constantine a le droit absolu de repousser l'intervention de l'autorité supérieure et de refuser toute subvention aux instituteurs congréganistes.

Nous n'avons pas mission, du reste, de justifier tous les actes de la municipalité au point de vue de la légalité stricte. Il résulte au contraire de l'examen attentif du dossier, que certaines formalités légales avaient été négligées dans le principe. Mais, les communes d'Algérie ne sont-elles pas excusables d'errer en pareille matière ? En réalité, l'instruction primaire en Algérie n'est régie par aucune loi. Les seules appliquées dans la Métropole, celles des 15 mars 1850, 14 juin 1854 et le décret du 9 mars 1852, n'y ont jamais été promulguées. L'art. 81 de la loi du 15 mars 1850 dit à cet égard :

« Un règlement d'administration publique dé-
» terminera les dispositions de la présente loi
» qui seront applicables à l'Algérie. »

Or, aucun règlement d'administration publique n'est intervenu depuis.

D'autre part, le décret du 9 mars 1852 est absolument muet sur l'Algérie. Son art. 11 vise l'article 81 de la loi précitée, en déclarant maintenues celles de ses dispositions qui ne sont pas contraires au nouveau décret.

Il est vrai que les dispositions et arrêtés pris par le Pouvoir exécutif et l'autorité coloniale, n'ont pas tenu compte de ces restrictions législatives. Nous trouvons, notamment, dans Ménerville, divers décrets s'appuyant sur la loi de 1850. Mais, outre que les conseils municipaux sont fort excusables de ne pas lire Ménerville, on peut soutenir, avec quelque logique, que ces décrets consacrent des exceptions et n'ont point pour effet de donner à la loi visée une extension que celle-ci n'a pas jugé utile de prévoir.

En tout cas, le dilemme se pose actuellement en ces termes : Ou les lois et décret précités ne sont pas applicables à l'Algérie, et alors la municipalité n'étant retenue par aucun lien, avait le droit d'agir suivant les principes ordinaires du droit en matière de louage de ser-vices ; ou bien ces lois et décret y sont applicables, et dans ce cas, les approbations qui ont suivi les délibérations, irrégulières dans la forme, du conseil municipal, ont eu pour conséquence de les légaliser.

C'est ce que nous allons démontrer.

Eliminons d'abord, de la série des documents sur lesquels nous nous proposons de nous appuyer, la loi du 14 juin 1854. Le seul article qui présente quelque intérêt (l'art. 8), transfère au préfet le droit de nomination des instituteurs communaux. En Algérie, ce droit n'a pas cessé d'appartenir au recteur, ainsi que le reconnaît, du reste, l'arrêté du Gouverneur général. Cette loi est donc pour nous comme si elle n'existait pas.

L'art. 31 de la loi du 15 mars 1850 s'exprime ainsi :

« Les instituteurs communaux sont nommés
» par le conseil municipal de chaque commune
» et choisis, soit sur une liste d'admissibilité et
» d'avancement dressée par le conseil acadé-
» mique du département, soit sur la présentation
» qui est faite par les supérieurs, pour les

» membres des associations religieuses vouées à
» l'enseignement et autorisées par la loi. »

L'exposé des motifs accentue cette faculté accordée aux conseils :

« C'est conserver à l'enseignement primaire, dit-il, son caractère communal ; c'est respecter dans le père de famille le droit d'intervenir pour le choix de celui qui le remplace auprès de ses enfants. »

Néanmoins, le décret-loi du 9 mars 1852, retire aux communes cette importante attribution :

« Les recteurs, dit l'article 4, par délégation du ministre, nomment les instituteurs communaux, *les conseils municipaux entendus,* d'après le mode prescrit par les deux premiers paragraphes de l'art. 31 de la loi du 15 mars 1850. »

Le premier paragraphe de cet article est transcrit plus haut. Le second n'a pas d'intérêt pour notre thèse.

Des explications ayant été jugées nécessaires sur le sens qu'il fallait attacher à ces mots : « Les conseils municipaux entendus, » une circulaire du 3 avril suivant les commente en ces termes :

« La pensée du décret est que le conseil municipal soit mis en demeure de déclarer s'il désire que la direction de son école soit confiée à un instituteur laïque ou à un membre d'une congrégation religieuse. Le recteur choisira ensuite, *selon le vœu exprimé par le conseil,* l'instituteur, qu'il nommera, soit sur la liste d'admissibilité, soit parmi les présentations faites par les supérieurs des associations religieuses vouées à l'enseignement. »

Nous ne croyons pas qu'aucune difficulté puisse être soulevée sur l'interprétation de ces mots : « Selon le vœu exprimé par le conseil municipal. » Ils signifient évidemment qu'aux communes qui ont demandé un instituteur laïque, le recteur n'a pas le droit d'imposer un instituteur congréganiste, et réciproquement.

Ce premier point admis, les communes ont-elles le droit de substituer, à un moment quelconque, l'instituteur congréganiste à l'instituteur laïque, ou celui-ci au premier ?

De ce qui précède, il nous semble résulter clairement que la réponse doit être négative. Non, un conseil municipal n'a pas le droit, de sa propre autorité, de destituer un instituteur. L'article 33 de la loi du 15 mars 1850 réserve formellement ce droit aux recteurs ; mais les conseils municipaux, nous l'avons vu, peuvent exprimer un *vœu* sur la nature d'instruction qu'il leur plairait de voir organiser dans leur commune. Aucune ligne des loi, décret et circulaire précités n'indique, d'ailleurs, que ce droit de vœu ne peut être exercé que lorsqu'il se produit une vacance. Une telle restriction serait absurde. Un conseil municipal a toujours le droit, en session ordinaire, d'exprimer un vœu ne sortant pas de ses attributions. Et, si le recteur, donnant satisfaction à ce vœu, destitue lui-même l'instituteur antipathique et donne sa place à celui désiré par la commune, il est bien évident que cet acte sera conforme aux prescriptions légales, et qu'aucune autorité, de quelque nature qu'elle puisse être, n'aura le droit d'interposer ses sympathies personnelles en faveur des évincés.

Or, dans l'espèce, ce n'est pas seulement le recteur qui a sanctionné les vœux du conseil municipal ; c'est le recteur, avec approbation et par ordre du ministre de l'instruction publique, et après que toutes les formalités légales avaient été accomplies.

Qu'importe, en effet, que la délibération du Conseil municipal décidant l'expulsion des congréga-ganistes, soit ou non considérée comme non avenue ? Ce n'est pas elle qui est aujourd'hui en cause. Ne lui donnons, si on le désire, d'autre valeur que celle d'un vœu, d'un désir exprimé. Nous allons voir de quelle façon le ministre de l'instruction publique l'accueille, et comme il s'empresse de lui donner satisfaction.

Le 5 mai 1871, il adressait au préfet de Constantine la lettre suivante :

Monsieur le préfet,

Je suis informé que le conseil municipal de Constantine a décidé le remplacement des instituteurs congréganistes par un instituteur laïque, et que les Frères doivent remettre à leur successeur, le 8 mai courant, l'école publique, dont la direction leur a été confiée par l'autorité académique.

D'après les lois en vigueur en Algérie, c'est à M. le recteur qu'appartient la nomination des instituteurs. Par conséquent, la décision prise par le conseil municipal de Constantine doit être considérée comme nulle et non avenue.

Vous voudrez bien intervenir auprès de M. le maire de cette ville et lui rappeler les réglements qui fixent la matière. *Néanmoins, comme je ne doute pas que le conseil municipal n'ait fait un bon choix,* je pense que M. le recteur, *considérant la nomination faite comme l'expression du vœu de la population,* S'EMPRESSERA DE LA RATIFIER.

Jusqu'à ce moment, les Frères sont les seuls instituteurs reconnus par la loi, et devront rester en possession de l'école qui leur a été confiée.

Le Ministre de l'Instruction publique,
JULES SIMON.

Notifié à M. le maire de Constantine, qui est prié de vouloir bien *se conformer aux prescriptions de la présente dépêche,* et me faire connaître les dispositions prises par lui au sujet du personnel enseignant.

Pour le préfet :
Le secrétaire général,
MANGOIN.

Examinons avec soin cet important document :

Aux yeux du ministre, la décision du conseil municipal est nulle et non avenue ; celui-ci n'a pas qualité pour changer, de sa propre autorité, le personnel enseignant. Jusqu'au jour — mais jusqu'au jour seulement — où « les réglements qui fixent la matière » auront été observés, *les frères sont les seuls instituteurs reconnus par la loi.*

Quels sont ces règlements ? la loi de 1852 et la circulaire du 3 avril, attribuant la nomination des instituteurs au recteur et non au conseil municipal. Mais comme le choix fait par celui de Constantine doit être bon, — c'est le ministre qui parle, — comme les nominations illégales qu'il a faites doivent être néanmoins « l'expression du vœu de la population, » nul doute que le recteur ne les ratifie, ou pour mieux dire ne les annule en les remplaçant par des arrêtés de nomination pris par lui, seul autorisé aux termes de la loi.

Dès réception de cette lettre, le maire de Constantine écrit au recteur pour le prier d'accorder cette ratification. Il reçoit par le retour du courrier la lettre suivante :

Alger, le 15 mai 1871.

Monsieur le Maire,

J'ai reçu la lettre que vous m'avez fait l'honneur de m'écrire le 10 mai courant, ainsi que la brochure contenant les délibérations prises par le Conseil municipal de Constantine au sujet des établissements d'instruction publique de cette ville.

En vous remerciant de cet envoi, Monsieur le Maire, je ne puis m'empêcher d'exprimer le regret que le Recteur n'ait été informé des projets de la Commune qu'après leur mise en exécution. Des instituteurs régulièrement nommés ont été dépossédés de leurs emplois, leurs successeurs ont été installés et sont entrés en fonctions, sans que le chef de service qui représente ici le Ministre de l'Instruction publique ait pu intervenir. Ces irrégularités sont d'autant plus fâcheuses, qu'*elles n'étaient point nécessaires pour le but à atteindre.*

Toutefois, Monsieur le Maire, il ne peut entrer dans mes intentions d'entraver la marche des écoles par un conflit d'attributions. JE SUIS TOUT DISPOSÉ A FAIRE LES NOMINATIONS QUE VOUS M'AVEZ DEMANDÉES *par la lettre du 10 mai, dès que j'aurai appris que la délibération relative au remplacement des instituteurs congréganistes par des laïques, a reçu, conformément à la règle, l'approbation préfectorale.*

Je prendrai même des arrêtés de nomination pour ceux des anciens instituteurs laïques de Constantine qui, du titre d'adjoint, passent à celui d'instituteur.

Pour ce qui concerne les écoles des filles, je vous prie, Monsieur le Maire, de me faire connaître le plus tôt possible, les intentions du Conseil municipal, afin que le nouveau personnel puisse être nommé avant son installation.

Recevez, etc...

Le Recteur de l'Académie,
DELACROIX.

Ainsi, le recteur ne demande, pour donner satisfaction au *vœu* du conseil municipal, que l'accomplissement d'une simple formalité : l'approbation préfectorale exigée pour tous les actes des communes mineures. Et comme le recteur connait la loi, comme il n'ignore pas que les conseils municipaux n'ont pas le droit de nommer directement leurs instituteurs, il se garde bien de dire au maire de Constantine qu'il *sanctionnera* les décisions du conseil ; IL FERA LES NOMINATIONS DEMANDÉES.

Huit jours après, le 27 mai 1871, le préfet donne son approbation, et le courrier suivant apporte les lettres de nomination des instituteurs laïques.

On voit combien est dénué de valeur l'argument tiré de l'irrégularité de la délibération du conseil municipal. Cette délibération disparait ; le conseil municipal n'a exprimé qu'un vœu, un simple vœu, approuvé par le préfet.

Il serait d'ailleurs absurde de soutenir que la décision de la municipalité, nulle en tant qu'elle prononce l'expulsion des congréganistes, est également nulle comme simple vœu. La loi, en exigeant que les conseils municipaux soient consultés, a voulu sauvegarder les droits des communes ; il serait trop singulier que l'on se fît de cette faveur une arme contre elles. Il n'est ni contestable ni contesté que le sentiment du conseil municipal de Constantine a toujours été favorable au régime laïque ; il n'en fallait pas davantage pour autoriser le recteur à destituer les frères et à nommer leurs successeurs. Ces deux mesures étaient dans ses attributions : la destitution, art. 33 § 1er de la loi de 1850 ; la nomination, art. 4 du décret de 1852.

Au surplus, cette situation n'est pas particulière à la commune de Constantine. Dès le quatre septembre, la plupart des municipalités de l'Algérie se sont mises en devoir de substituer, conformément au vœu de leurs mandants, l'enseignement laïque à l'enseignement congréganiste. La ville d'Alger a été la première, croyons-nous, à entrer dans cette voie. Le 22 décembre 1870, le Ministre de l'instruction publique écrivait à ce sujet :

« Le gouvernement ne saurait, en aucun cas, imposer aux communes et à leurs conseils municipaux la conservation d'un mode d'instruction primaire qui présente à leurs yeux l'inconvénient de constituer un monopole exagéré au profit d'une seule communion religieuse. »

Et le Préfet, en approuvant la décision du conseil municipal d'Alger, faisait insérer au *Moniteur de l'Algérie* la note suivante :

« Le Préfet par intérim du département d'Alger est décidé *à revêtir de son approbation toutes les délibérations des conseils municipaux* régulières et à lui régulièrement soumises, *tendant à remplacer* dans les écoles commu-

nales, *les instituteurs et institutrices congréganistes par des laïques.* »

Ce Préfet par intérim était M. Hélot, dont les
sympathies cléricales sont bien connues. Il n'eût
pas agi de la sorte si la loi ne l'y eût contraint.

Ainsi, point d'irrégularité, et surtout point de
motif, pour le gouverneur général de l'Algérie,
de revenir sur des mesures prises, tant à
Constantine qu'à Alger, par ou en conformité
des instructions de son supérieur, le ministre
de l'instruction publique.

Nous ne voulons pas examiner maintenant si
le Ministre de l'Instruction publique a aujour-
d'hui le droit de revenir sur ses décisions pre-
mières et de déléguer ses pouvoirs au Gouverneur général de l'Algérie ; si même il ne se fait
pas illusion sur leur étendue. Aux termes des
art. 23 et 24 de la loi du 5 mai 1855, aux Préfets
seuls, statuant en Conseil de préfecture, appartient le droit d'annuler les décisions préfec-
torales. En cas de réclamation, le Conseil d'Etat
statue en dernier ressort.

Mais qu'importe ce point de vue de la question ? Quelque soit le fonctionnaire dont la
compétence soit ici acceptée, il n'est pas au
pouvoir d'un Ministre, d'un Gouverneur ou d'un
Préfet de changer une situation régulière, régulièrement établie, basée sur l'application et
l'observation de la loi. Ce serait l'arbitraire et le
chaos.

Mais, dit le gouverneur — et ce paragraphe de
son arrêté paraît être la base de toute son argu-
mentation — le recteur n'a pas destitué les frères ; il s'est borné à nommer de nouveaux insti-

tuteurs. La ville de Constantine a donc actuellement deux écoles : l'école laïque et l'école congréganiste, toutes deux légalement constituées et
ayant droit aux mêmes priviléges.

L'argument est pitoyable ! Le ministre ne dit-
il pas, dans sa lettre du 5 mai : « *Jusque-là*,
(jusqu'à la nomination des instituteurs laïques
par le recteur), les frères sont les seuls instituteurs reconnus par la loi. » La nomination a eu
lieu ; *donc* les frères ne sont plus les instituteurs
reconnus par la loi. Peut-on demander à un
texte d'être plus précis ?

Et le recteur lui-même, dans sa lettre précitée, ne s'exprime-t-il pas sans ambages sur
le *remplacement des instituteurs* congréganistes par les laïques ? Il dit REMPLACEMENT,
ce qui exclut, avec la dernière évidence, l'idée du
maintien de la première école à côté de la
seconde.

N'insistons pas, l'argument ne supporte pas
plus longtemps l'examen.

Et du reste, c'est ainsi que l'avaient compris
les bons Frères, avant d'être assurés de l'appui
de M. de Gueydon. Lorsque la municipalité de
Constantine les a invités à vider les lieux, ont-
ils prétendu qu'ils y étaient inamovibles ? Ont-
ils invoqué des irrégularités de procédure admi-
nistrative ? Ont-ils soutenu, comme le fait, avec
une bonne foi douteuse, la lettre préfectorale
qui accompagne l'arrêté du 27 mars dernier,
en torturant une phrase de Dalloz qui ne s'ap-
plique pas à l'espèce, que le droit des municipalités à exprimer leur opinion ne pouvait s'exercer que quand il se produit une va-

cance? Ce qui signifierait que lorsqu'une commune a eu le malheur de se donner à la congrégation, elle y est condamnée à perpétuité. Dalloz a dit et voulu dire que l'administration avait le droit de remplacer, sans avis préalable du Conseil municipal, un maître laïque par un maître laïque, ou un congréganiste par un congréganiste. Ces permutations sont de sa compétence exclusive. (*Organisation de l'instruction publique*, 210). C'est tout ce que signifie ce passage, qui, d'ailleurs, n'a d'autre autorité juridique que celle qui s'attache à l'opinion d'un savant commentateur.

Les frères ne l'ont pas invoqué ; ils ont, au contraire, reconnu à la commune, par conclusions signifiées, le droit de reprendre son immeuble, et se sont bornés à demander un délai normal pour déménager et une indemnité en faveur de chaque frère enseignant.

« Attendu, dit l'arrêt de la Cour d'Alger dont nous reproduisons plus haut les dispositifs, que si l'on se reporte aux conclusions en réponse signifiées à la requête du défendeur, on constate qu'*il n'a pas contesté à la commune le droit de reprendre son immeuble*, et s'est borné à demander 1º l'autorisation d'y demeurer pendant six mois ; 2º une indemnité de huit cents francs pour chacun des frères enseignants. »

La commune de Constantine avait reconnu spontanément la légitimité de cette réclamation, et leur avait offert une indemnité de trois mille francs, à la condition qu'ils videraient les lieux immédiatement.

Dans des conditions analogues, les congréganistes de Bône avaient accepté. Ceux de Constantine, plus tenaces, ou sentant approcher l'appui du Gouverneur, ont refusé toute transaction.

On a vu que l'arrêt ordonne leur sortie des locaux dans les quinze jours de sa signification, et qu'il ne leur accorde, pour toute réparation de préjudice, qu'une indemnité de 325 francs chacun , soit 1,950 francs au total.

La question est donc complètement tranchée à tous les points de vue et nous cherchons en vain la raison d'être de l'intervention du gouverneur. En refusant de s'associer à ce déni de justice, le conseil municipal a bien mérité de ses concitoyens ; il peut attendre avec confiance les résultats de son vote.

C. ALLAN,

Rédacteur en chef de l'*Indépendant*.

Constantine, le 18 avril 1872.

Le 30 avril 1872, le Conseil municipal de Constantine, convoqué de nouveau par ordre du Gouverneur général de l'Algérie, à l'effet d'avoir à inscrire à son budget le montant de la subvention précédemment accordée aux instituteurs congréganistes, a voté à l'unanimité moins une abstention l'ordre du jour suivant :

Ordre du Jour

—

Vu le décret du 9 mars 1852, article 4 :

« Les recteurs, par délégation du ministre, nom-
» ment les instituteurs communaux, les conseils mu-
» nicipaux entendus. »

Vu la circulaire, en date du 3 avril 1852, de M. le ministre de l'instruction publique, sur l'interprétation dudit article 4 :

« La pensée du décret est que le conseil municipal
» soit mis en demeure de déclarer s'il désire que la
» direction de son école soit confiée à un instituteur
» laïque ou à un membre d'une congrégation reli-
» gieuse. Le recteur choisira ensuite, *selon le vœu*
» *exprimé par le conseil*, etc., etc. »

Vu la loi du 5 mai 1855, articles 23 et 24 :

« Art. 23. — Toute délibération d'un conseil muni-
» cipal portant sur un objet étranger à ses attributions.
» est nulle de plein droit.

» Le préfet, *en conseil de préfecture, en déclare la*
» *nullité*. En cas de réclamation du conseil municipal,
» il est statué par un décret de l'empereur, le conseil
» d'Etat entendu.

» Art. 24. — Sont également nulles de plein droit
» toutes les délibérations prises par un conseil muni-
» cipal hors de sa réunion légale.

» Le préfet, *en conseil de préfecture, déclare l'illé-*
» *galité* de la réunion et la nullité des délibérations. »

Vu le décret organique du 10 décembre 1860, article 5 :

« La justice, l'instruction publique et les cultes ren
» trent dans les attributions des départements minis
» tériels auxquels ils ressortissent en France. »

Attendu que la délibération du conseil municipal, prise le 15 mars 1871, en session ordinaire, est devenue exécutoire *et a été exécutée*, en vertu de l'approbation donnée par M. le préfet, statuant en conseil de préfecture ;

Que les instituteurs laïques ont été régulièrement nommés par M. le recteur, en vertu de cette délibération approuvée, *et en remplacement des instituteurs congréganistes ;*

Attendu que le conseil municipal de Constantine, se basant sur une situation régulière et légale, a arrêté son budget, en faisant une large part à l'instruction primaire ;

Que toutes nouvelles dépenses non prévues détruiraient l'équilibre du budget ;

Attendu que les nominations concernant l'instruction publique sont en dehors des attributions de M. le gouverneur général ;

Que l'annulation d'une décision municipale ne peut être prononcée que par le préfet, statuant en conseil de préfecture, avec recours en dernier ressort au conseil d'Etat ;

Charge le maire de se pourvoir, en conseil d'Etat, contre l'arrêté de M. le gouverneur général, en date du 27 mars 1872.

Constantine. — Typ. L. MARLE.